中华诵·经典素读教程系列

中华国学课本

ZHONGHUA GUOXUE KEBEN

第十一册

张庆华 主编

六年级 ________ 班

姓名 ____________

中 华 书 局

顾　问

舒　悦　　梁结银

主　编

张庆华

副主编

李　纯　　张美如

编　委

张庆华　　李　纯　　张美如　　谭曦文

徐　宏　　廖洪毅　　付晶晶　　郑曼虹

责任编辑

祝安顺

装帧设计

刘　丽　　王喜华

目录

对联

编者的话

教育部2012年发布的最新修订版《小学语文课程标准》前言写道："语文课程还应通过优秀文化的熏陶感染，提高学生的思想道德修养和审美情趣，使他们逐步形成良好的个性和健全的人格，促进德、智、体、美诸方面的和谐发展。"《标准》还要求小学生背诵160篇优秀诗文。《中华国学课本》的编写，就是希望通过将丰富精深的传统文化内容课时化、情趣化、游戏化，让小学生寓学于玩，从而广泛深入地实践新语文课程标准。编写《中华国学课本》的目标，在于让孩子从道德评价、风俗习惯、交往礼仪、生活常识等方面去感受中华传统文化的独特魅力，使当代小学生能在学习过程中，正视祖国优秀的传统文化，吸取其精华，陶冶完美人格，开发自身的主体智慧，使识字、阅读、记忆、观察、思维、判断、想象、体能、灵感等方面的潜能得到更为科学、更为高效的开发和培养。

一、教材编写

（一）科学借鉴，精选适度

我们在编写教材时，尽可能实现如下目标：内容可读性强、编排线索简明、序列清晰、便于学生诵读和学习。通过对教材教法的研究，我们在"度、量、正、懂"四字上进行了反复斟酌。

1. 度：要讲求分寸的把握。少儿传统文化学习要做到适当、适度、适宜、适合。课本所编选的诗歌、古文、韵文等，内容贴近儿童的生活，朗朗上口，便于记诵。

2. 量：《中华国学课本》编选内容量的确定是以不增加学生学习负担为前提的。教材每册定位 20 课时，课文 20 篇，其中古诗 6 首，古文 10 篇，韵文 4 篇。一首诗一般最多 56 字，一段短文 50 字左右，韵文如《声律启蒙》节选 80 多字，都在课堂中完成学习，当堂读、背、画完成后，不再布置其他作业。

3. 正：《中华国学课本》课程的教学目标是对少年儿童进行德育与智育，尤其是情感的培养和陶冶，把真善美的东西教给孩子们。

4. 懂：我们是在引导学生初知或粗知的基础上来安排学习、诵读的。具体做法是，让学生初知一点，不深究。在学习过程中，凡是能够让学生开心地学、爽朗地读、创造性地嬉戏的形式，都是可以尝试的。

（二）内容丰富，设计创新

在编写时，我们也注意到了课堂教学的规范性和开放教学的灵活性：低年段内容的选编，多以表现儿童生活内容的篇章为主；中高年段则根据学生的认知能力和接受程度，编选优秀传统文化中有关为人处世、修身养性的篇目。编选时，尽量做到不与其他教科书内容重复。版块设置介绍如下：

1. **诵读**：诵读的方式可以是开放的，多种多样的，节奏读、韵律读、音乐读、相声版、京戏版、夫子版等都可以采用。

2. **注释**：设置注释的目的是帮助学生理解，因此对妨碍理解的字、词进行简洁的注释。

3. **诗意体悟**：本着浅显易懂、浅入浅出的原则，讲解诗文的内容和特色，让学生能基本了解即可，教学时也只是点到为止。

4. **阅读提示**：针对所选课文的内容和特点，进行具体的阅读指导。

5. **创意空间**：本版块的设置体现了体验化教学设计，课堂上师生一起以读、聊、诵、吟、画、玩的形式来进行学习。比如低年段的“我会这样涂涂画画”、中高年段的“诗情画意显身手”（我可以涂画、作诗、写对联）等，就是用读来完成学、用玩来理解意、用涂鸦等独特的创造和嬉戏，来表达和体现各自的情等，真正做到让学生体悟在诗意里，成长在无限的创造活动情趣中，既开发语言功能，又激发想象能力。

6. 汉字寻根和书写练习：设置本版块，是希望学生通过观察、了解、欣赏、书写汉字，培养其对祖国汉字文化的喜爱之情，通过寻字、赏字、评字、写字，让学生从小养成眼中观字、心中想字、脑中记字、手写好字的优良习惯。“汉字寻根”只在古文部分设置。

7. 国学常识：国学常识是对课文内容的补充和拓展。每册设置3课，所选均为中国人应知应会的国学常识，提供给学生自学，教师不进行讲解。

二、教学方法，易于操作

通过对教材的编选和教学实践，逐渐形成了系统完整、便于操作的教学模式——五步教学法，具体做法是：

1. **课前游戏学：**依据儿童爱玩的天性，在课前利用1—3分钟，让小组长或学习委员领同学一起吟诵、读唱、编演游戏。

2. **课中趣味学：**一看注释读，二想故事或典故读，三看阅读提示读。一是不加不减字；二是读准字音有韵味。

3. **同学玩读学：**彰显儿童的玩耍嬉戏之趣，让学生用自己喜欢的方式诵读，如节奏明快朗诵版、稚趣横溢相声版、摇头晃脑夫子版、韵律和声吟诵版等。

4. **师生同聊学：**师生同聊的课堂，聊中品读聊出情、聊中戏玩聊出趣、聊中感悟聊出智，让师生在课堂中，都能以轻松自如的状态去表达，去传递，去交流，去碰撞。

5. **诗情画意学：**课本设置有“创意空间”版块，是为了让孩子们更好地进行体验性、参与性学习，让孩子们的想象力自由地驰骋。每上完一课，孩子们心中有情、脑中有画、手中有笔，可以立即把自己的理解和想法都表现出来。

三、目标明确，积少成多

关于《中华国学课本》的使用，我们有如下建议。

一、**二年级**：每周利用一节正式语文课，上《中华国学课本》一课。另外利用每天的晨读时间逐渐完成《三字经》、《弟子规》、《千字文》、《百家姓》的背诵。

三、**四年级**：每周用一节正式语文课，上《中华国学课本》一到两课。用每天的晨读时间完成《声律启蒙》、《笠翁对韵》以及《大学》、《论语》节选的背诵。

五、六年级：每周用一节正式语文课，上《中华国学课本》一到两课。用每天的晨读时间完成《中庸》、《诗经》、《论语》、《孝经》、唐诗、宋词的选背。

这样，学生从一年级起至六年级，六年间可积累诵读约 300 多首古诗文和部分整本的经典名著。相信这些优秀篇目的学习，必将提升孩子们儒雅淳静的气质，为孩子们以后的“薄发”奠定比较扎实的基础。

四、家校互动，有效评价

在课程学习中，引入评价环节，提倡师生同评、学生自评、同伴互评、亲子共评，设置针对学生学习、教师教学、班级整体情况的测评表。

一是设计了针对学生的《中华国学课本》学习情况测评表（见附表 1），评分标准采用百分制，具体要求包括：1. 集体诵读展示，所有同学参与；2. 诵读时字正腔圆，声情并茂；3. 诵读形式多样，趣味性强；4. 分组表演中，大方自信，各展所长；5. 对《中华国学课本》的熟悉程度；6. 能进行个性创作，书、画整洁漂亮。

二是设计了针对教师使用的《中华国学课本》教学情况明细表（见附表 2）。

三是设计了针对班级整体的《中华国学课本》班级情况测评表（见附表 3），评分采用“优、良、中”等级制，具体要求为：1. 优：95% 的同学能熟练背诵，节奏感强 ；2. 良：90% 的同学能通背，正确、通顺、流畅；3. 中：80% 的同学能通背，正确、通顺、流畅。

附表 1：

《中华国学课本》学习情况测评表

班　级	诵　读	表　演	创　作	综合得分

附表 2：

《中华国学课本》教学情况明细表

<table>
<tr><td>年级／班级</td><td></td><td>授课老师</td><td></td><td>学生人数</td><td></td></tr>
<tr><td>规定课时</td><td></td><td>已上课时</td><td></td><td>补上课时</td><td></td></tr>
<tr><td rowspan="3">教学完成情况</td><td>学一带一</td><td colspan="4"></td></tr>
<tr><td>涂鸦创作</td><td colspan="4"></td></tr>
<tr><td>师生评价</td><td colspan="4"></td></tr>
<tr><td rowspan="4">抽查效果</td><td>熟练通背人数</td><td colspan="4"></td></tr>
<tr><td>古诗背诵效果</td><td colspan="4"></td></tr>
<tr><td>古文背诵效果</td><td colspan="4"></td></tr>
<tr><td>韵文背诵效果</td><td colspan="4"></td></tr>
<tr><td>教师教学感悟、意见及建议</td><td colspan="5"></td></tr>
</table>

附表 3：

《中华国学课本》班级情况测评表

班级人数情况			诵读效果			创作效果	
班级	应到人	实到人	古诗	古文	韵文	涂鸦	诗、文创作

张庆华

2013 年 3 月

古诗

出自《诗经》的《鹿鸣》给我们讲述了君王的治国之道——礼贤下士，才能兴国安邦；《四时田园杂兴》再次把我们带入了令人神往的自给自足、自娱自乐的田园生活；相信学习了《牧牛词》，你一定也会思考如何像诗中的小少年一样为家庭承担责任；号称“鉴湖女侠”的秋瑾所作的《柬某君》为我们讲述了一个爱国志士至死不渝的追求，那就是舍身救国；“今宵酒醒何处？杨柳岸，晓风残月。”千古绝唱《雨霖铃》再一次唤起了我们对人间真情的感动；《定风波》告诫我们面对困境要泰然处之，柳暗花明时不以物喜，遭遇低谷时不以己悲。

1 鹿鸣

诗经 · 小雅

呦呦鹿鸣，食野之苹。
我有嘉宾，鼓瑟吹笙。
吹笙鼓簧，承筐是将。
人之好我，示我周行。
呦呦鹿鸣，食野之蒿。
我有嘉宾，德音孔昭。
视民不恌，君子是则是傚。
我有旨酒，嘉宾式燕以敖。
呦呦鹿鸣，食野之芩。
我有嘉宾，鼓瑟鼓琴。
鼓瑟鼓琴，和乐且湛。
我有旨酒，以宴乐嘉宾之心。

注释

①视：同“示”。
②不恌（tiāo）：不轻薄。
③湛（dān）：“媅”的借字，非常快乐。

鹿儿呦呦不停地叫，呼唤同伴一起去吃草。我有嘉宾满客厅，为之鼓瑟、吹笙又弹琴。捧出美酒待宾朋，一同畅饮乐盈盈，快乐永驻客人心。

《鹿鸣》是周王宴会群臣宾客的一首乐歌，描写了君王设宴会以美酒、音乐款待群臣宾客，还谦逊地向客人垂询治国兴邦的大道理。宾主尽欢，宴会在君臣融洽的气氛中结束。君王都能披怀虚己，他的臣民还会狂妄自大吗？读出节奏或拍掌诵读，体现出宴会中和谐与欢乐的气氛。

 1. 我会自读、自吟，找同学一起诵读。

 2. 书写练习：照样子书写下面的文字。

吹笙鼓簧，承筐是将。

人之好我，示我周行。

呦呦鹿鸣，食野之蒿。

我有嘉宾，德音孔昭。

3. 诗情画意显身手。（我可以涂画、作诗、写对联）

2 四时田园杂兴

〔宋〕范成大

（一）

千顷芙蕖放棹嬉，
花深迷路晚忘归。
家人暗识船行处，
时有惊忙小鸭飞。

（二）

村巷冬年见俗情，
邻翁讲礼拜柴荆。
长衫布缕如霜雪，
云是家机自织成。

注 释

① 芙蕖:荷花。
② 柴荆：借指村舍。

（一）驾着小船驶进一望无垠的荷花池，看着一池的荷花不禁满心欢喜，忍不住停下船来尽情嬉戏。不知不觉钻进了荷花深处，天色已晚却找不到归路。家人心急火燎赶到荷花丛中寻找船的踪迹，不时惊飞起一群小鸭。

（二）人们忙于为过年做准备，村巷里的喜庆气氛显得特别浓重。邻居老翁趁着节日的到来开始走亲拜友。乡亲们都穿上自家编织缝制的节日盛装，白如霜雪，格外洁净。

（一）“千顷芙蕖放棹嬉，花深迷路晚忘归。”夏日里，荷花开得正盛。置身花海，美不胜收，更让人沉醉其中。诗句指责了孩童贪玩，也从侧面衬托出了荷花的美丽。“时有惊忙小鸭飞”给整个画面平添了情趣和活力。朗读时要舒缓自然，怡然自乐。

（二）冬日里，人们辛苦了一年，总算可以停息下来为春节好好筹备一番了，村巷里到处洋溢着节日的快乐气氛，连老翁也要走亲访友，可见人们生活安逸，和睦幸福。要读得深情而富有节奏，给人以无限憧憬。

 1. 我会自读、自吟，找同学一起诵读。

 2. 书写练习：照样子书写下面的文字。

千顷芙蕖放棹嬉，花深迷路晚忘归。

村巷冬年见俗情，邻翁讲礼拜柴荆。

3. 诗情画意显身手。（我可以涂画、作诗、写对联）

3 牧牛词

〔明〕高启

尔牛角弯环，
我牛尾秃速。
共拈短笛与长鞭，
南陇东冈去相逐。
日斜草远牛行迟，
牛劳牛饥惟我知。
牛上唱歌牛下坐，
夜归还向牛边卧。
长年牧牛百不忧，
但恐输租卖我牛。

注释

① 高启：元末明初诗人。
② 尔：你。
③ 秃速：尾毛稀疏短秃的样子。
④ 拈：用两三个手指头夹。
⑤ 输租：交租。

你家的牛角弯曲成环状，我家的牛尾毛稀疏又短秃。我俩拿着短笛和长鞭，来到南陇山冈去放牛。天快黑了，牛儿又累又饿，行走迟缓，可草坪还很遥远。我俩一会儿爬上牛背唱歌，一会儿与牛并排而坐，晚上还在牛身旁陪同牛儿一起睡觉。与牛儿相伴没有任何忧愁，只担心为了交租把牛儿卖掉。

这是一首歌咏牧牛生活的杂言诗。前四句描写两个牧童的天真活泼和共同放牧时的喜悦和友爱，似乎让我们听到那荡漾在草地上的清亮的短笛声；后四句展现出牧童和牛的深厚感情。牧童不仅与牛朝夕相处而且深知牛的劳累和饥渴，与牛相依为命，悠然自在。但结束句中的一个“恐”字，使全诗的意趣急转而下，顿生“但恐输租卖我牛”的忧虑。大声地读，读出牧童的天真活泼；还可生生对读，读出牧牛的情趣。

 1. 我会自读、自吟，找同学一起诵读。

 2. 书写练习：照样子书写下面的文字。

共拈短笛与长鞭，南陇东风去相逐。

日斜草远牛行迟，牛劳牛饥唯我知。

3. 诗情画意显身手。（我可以涂画、作诗、写对联）

4 柬某君

〔近代〕秋瑾

河山触目尽生哀，

太息神州几霸才。

牧马久惊侵禹域，

蛰龙无术起风雷。

头颅肯使闲中老，

祖国宁甘劫后灰。

无限伤心家国恨，

长歌慷慨莫徘徊。

注　释

①柬：寄信。

②秋瑾：近代著名女诗人。

③牧马：指列强。

④禹域：中国。

我们的国家本是河山锦绣，现在却满目疮痍，需要大批有胆有识的志士去挽救，可是这样的人才太少了。帝国主义列强在侵犯着中国，我却不能在风雷中一展雄威。国家在危难之中，我怎能袖手旁观？我一定要报仇雪耻，绝不能有丝毫徘徊犹豫。

诗人从哀叹祖国的衰亡起笔。居高鸟瞰，只见哀鸿遍野、满目凄凉，忧国之情顿然而起。然而“陆沉危局凭谁挽”？诗人不由发出长长的叹息——“太息神州几霸才”。虽然“无术起风雷”，但绝不甘心“老于户牖之下”。“长歌慷慨莫徘徊”可见她为国捐躯的决心已定。前四句可读得低沉缓慢，流露出国无人才的忧虑。后四句要读得慷慨激昂，展现出捐躯报国的坚定决心。

 1. 我会自读、自吟，找同学一起诵读。

 2. 书写练习：照样子书写下面的文字。

头颅肯使闲中老，祖国宁甘劫后灰。

无限伤心家国恨，长歌慷慨莫徘徊。

3. 诗情画意显身手。（我可以涂画、作诗、写对联）

5 雨霖铃

［宋］柳永

寒蝉凄切，对长亭晚，骤雨初歇。都门帐饮无绪，留恋处、兰舟催发。执手相看泪眼，竟无语凝噎。念去去、千里烟波，暮霭沉沉楚天阔。　多情自古伤离别，更那堪，冷落清秋节。今宵酒醒何处？杨柳岸，晓风残月。此去经年，应是良辰好景虚设。便纵有千种风情，更与何人说？

注释

①兰舟：船的美称。

傍晚时分，秋蝉凄鸣，在京郊与佳人告别，彼此依依难舍，船上的人催着出发。握手凝视，泪眼朦胧，却无言相对。眼看着他消失在视野中，只剩下沉沉的暮色和辽阔的楚地。

自古以来多情的人最伤心的是离别，更何况又逢这萧瑟冷落的秋季，这离愁哪能经受得住呢！这一去长年相别，我料想即使遇到好天气、好风景，也如同虚设。满腹的情意，又能同谁去诉说呢！

暮色寒蝉烘托出分别的凄然心境。“执手相看泪眼”体现了两个痴情的灵魂依依难舍，可是早已“兰舟催发”，无奈至极感慨道——“多情自古伤离别”。萧瑟的秋季，自己独自远去，这孤苦、凄凉、悲伤又将怎样消磨？想着借酒浇愁，可酒醒时分，离别愁绪却丝毫未减。朗读时，语调低缓绵长，饱含无限惆怅与无尽情思。

1. 我会自读、自吟，找同学一起诵读。

2. 书写练习：照样子书写下面的文字。

多情自古伤离别，更那堪，冷落清秋节。

今宵酒醒何处？杨柳岸，晓风残月。

此去经年，应是良辰好景虚设。

便纵有千种风情，更与何人说？

3. 诗情画意显身手。（我可以涂画、作诗、写对联）

6 定风波

〔宋〕苏轼

三月三日沙湖道中遇雨。雨具先去，同行皆狼狈，余独不觉。已而遂晴，故作此词。

莫听穿林打叶声，何妨吟啸且徐行。竹仗芒鞋轻胜马，谁怕？一蓑烟雨任平生。　料峭春风吹酒醒，微冷。山头斜照却相迎。回首向来萧瑟处，归去。也无风雨也无晴。

注释

①芒鞋：芒草编结的草鞋。

②蓑：用蓑草编织的雨具。

不要被树林里传来的风雨声所惊吓，我依然高吟长啸、缓步徐行。穿着草鞋，拄着竹仗何等轻快，又怎会惧怕这风风雨雨？冷冷的春风把我吹醒，在寒颤中迎来了斜阳的无限光芒，回头遥望来时淋雨的地方，风停了，雨住了，一切平静依然。

出行遇雨本属寻常，可作者以小见大，平中见奇，通过对眼前风雨等闲视之的描写，抒发了从容面对人生挫折的胸襟气度。“莫听穿林打叶声”、“一蓑烟雨任平生”，当风雨来临之时能做到没有任何顾忌地泰然处之，这样的人有谁能及？“山头斜照却相迎”，当峰回路转、柳暗花明之时，不以物喜不以己悲的人又能有几？朗读时，语调温和平缓，体现出一种坦然与淡定。

 1. 我会自读、自吟，找同学一起诵读。

 2. 书写练习：照样子书写下面的文字。

莫听穿林打叶声，何妨吟啸且徐行。

竹杖芒鞋轻胜马，谁怕？一蓑烟雨任平生。

 3. 诗情画意显身手。（我可以涂画、作诗、写对联）

我国的传统戏曲

小朋友，你身边一定有喜欢听戏的人吧？看到他们摇头晃脑地跟着哼唱，时而闭上眼睛细细品味，时而大叫一声“好”，你是不是感觉很好奇呢？究竟是什么让这些戏迷们如痴如醉呢？今天我们就来了解一下中国的戏曲，准备好接受新知识了吗？会让你“大饱耳福”的。

一、戏曲种类

我国的戏曲约有三百六十种，传统剧目数以万计！京剧、豫剧、越剧、黄梅戏、评剧是中国五大戏曲剧种，其中京剧、豫剧、越剧被誉为“中国戏曲三鼎甲”。

被视为“国粹”的京剧是我国影响最大的剧种，又被称为“东方歌剧”。京剧较擅长于表现历史题材的政治和军事斗争，剧目大多取材于历史演义和小说话本。经典剧目有《霸王别姬》、《白蛇传》、《贵妃醉酒》等。

昆曲是我国的古老剧种，又称“中国戏曲之母”、“百戏之祖”，它的剧目丰富，剧本文学性很高，文辞既典雅又华美。明代著名作家汤显祖创作的《牡丹亭》是昆曲的代表性剧目，至今广为流传。

《牡丹亭》剧照

《白蛇传》剧照

二、戏曲中的角色

按传统习惯，中国戏曲中的人物角色分为“生”、“旦”、“净”、“丑”四种。

具体来说，“生”和“净”是男角色。“生”是除了花脸以及丑角以外的男性角色的统称，又分老生（须生）、小生、武生、娃娃生等。净，俗称花脸，他们的面部化妆非常有特色，运用各种色彩和图案勾勒脸谱，来表现性格气质豪迈或粗犷的人物形象，如包拯、张飞和曹操等均由“净”扮演。

“旦”是女角色的统称，可分为青衣、花旦、刀马旦、武旦、老旦、彩旦等类别。

“丑”是扮演滑稽幽默或相貌丑陋的人物，有男性也有女性。男性多在鼻眼间勾画豆腐块状脸谱，所以又叫“小花脸”。

三、戏曲中的脸谱

戏曲中角色的性格、品质、身份、特长、相貌等是通过脸谱的色彩、图案来表现的。以京剧为例，现在的京剧脸谱有红、黑、白、紫、绿、黄、蓝、老红、瓦灰、金、银等色，这

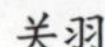
关羽

包公

曹操

是人物自然肤色的夸张描写，寓意不同的性格。

一般说来，红色描绘人物的赤胆忠心，义勇刚毅，如关羽勾红脸表示忠义；黑色体现人物正直忠耿、刚正不阿，如黑脸包公；水白色暗寓人物狡猾奸诈、心肠狠毒，如曹操勾白脸表示其奸诈；绿色勾画出人物的侠骨义胆；金、银二色，多用于神、佛、鬼怪，以示其金面金身，给人虚幻之感。

小朋友，从今天起，让我们做个小“戏迷”吧！

（撰稿：广州天河先烈东小学　陈品花）

古文

古文经典字字珠玑，任意拾起一串都将是我们一生的至宝。《大学》、《中庸》、《论语》、《孟子》、《周易》、《道德经》……如此多的经典已潜入我们的心灵，成为我们生命的一部分。本册从《荀子》、《庄子》、《孙子兵法》中节选了有代表性的经典篇章，将为我们开启想象与智慧之门。让我们带着自己的思考与古文对话，寻找、体验文中的智慧，还可尝试着用古文的方式来表达自己的思想和情感。

7 止于至善

《诗》云："瞻彼淇澳，菉竹猗猗。有斐君子，如切如磋，如琢如磨。瑟兮僩兮，赫兮喧兮。有斐君子，终不可諠兮。"如切如磋者，道学也；如琢如磨者，自修也；瑟兮僩兮者，恂慄也；赫兮喧兮者，威仪也。有斐君子，终不可諠兮者，道盛德至善，民之不能忘也。

《大学》节选

《诗经·卫风·淇澳》篇说："瞧那淇水的水湾，菉竹草茂盛美观。有位文采焕发的君子，犹如骨角经过切磋，犹如玉石经过琢磨。矜庄啊，严谨啊！显赫啊，昭明啊！有位文采焕发的君子，令人始终不能忘怀啊！""如切如磋"喻指君子的努力治学；"如琢如磨"喻指君子的认真自修；"瑟兮僩兮"是说君子端庄恭谨的心态；"赫兮喧兮"是说君子的威严仪表；"有斐君子，终不可諠兮"是说君子盛大的品德尽美尽善，人民不能忘记他。

这段话告诉人们当诚意治学修身以达“盛德至善”的理想境界。诚于中，形于外，诵读本文，怀着对圣贤君子的崇敬与思念，如述故事般娓娓道来。文字中的景、色、情、意汇聚于心，吟着，唱着，传达的不仅是对“有斐君子”的赞美，更是对自身修养的一种向往与追求。

小 篆

隶 书

草 书

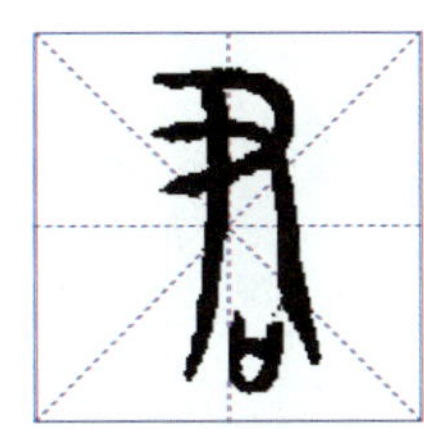
行 书

楷 书

君：上面是手拿一支笔，下面是一张口，“君”的本义是指古代执笔写字的官员，由此引申为“君主”。后来“君”成为一种尊称，类似于“您”，而做一个“谦谦君子”也成为了古代文人的一种追求。

创意空间

1. 我会自读、自吟，找同学一起诵读。

2. 书写练习：照样子书写下面的文字。

如切如磋者，道学也；如琢如磨者，自修也；

瑟兮僩兮者，恂慄也；赫兮喧兮者，威仪也。

3. 诗情画意显身手。（我可以涂画、作诗、写对联）

8 正　己

君子素其位而行，不愿乎其外。素富贵行乎富贵，素贫贱行乎贫贱，素夷狄行乎夷狄，素患难行乎患难，君子无入而不自得焉。在上位，不陵下；在下位，不援上。正己而不求于人，则无怨。上不怨天，下不尤①人。故君子居易以俟②命，小人行险以徼幸。

注　释

①尤：责备，怪罪。
②俟（sì）：等待。

《中庸》节选

君子守着自己现时所处的地位而行事，不羡慕其地位以外的事。处于富贵的地位，就做富贵地位上该做的事；处于贫贱的地位，就做贫贱地位上该做的事；处于夷狄的地位，就做夷狄地位上该做的事；处在患难之中，就做患难中该做的事；君子没有进入某种处境而感到不自得的。君子身在上位，不压迫下面的人；身居下位，不巴结上面的人。端正自己而不乞求于人，那就无所怨恨了。上不怨恨天命，下不责怪别人。所以，君子居心平易，小人妄求幸运。

儒家认为，一个有道德的人不论处于什么样的社会地位，他都能很好地把握自己，认清环境，端正态度，从自身修养上下功夫。以平和之心诵读本文，品味君子的知足守分，安然自得。“正己而不求于人”读来似曾相识，可与孟子的“行有不得者，皆反求诸己”串读、应和，正己正心，心境澄明方能感受“不怨天，不尤人”的积极乐观，敢作敢为。

小篆

隶书

草书

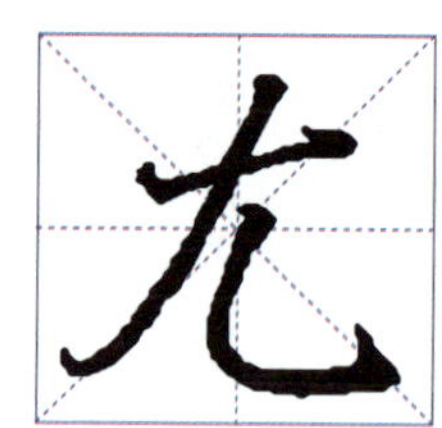
行书

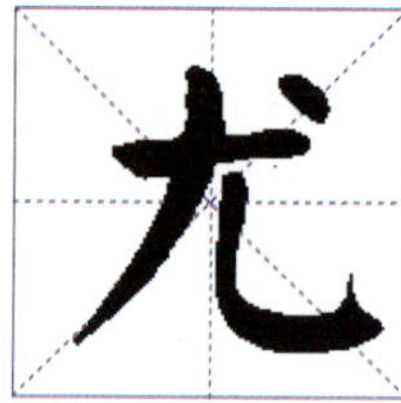
楷书

尤：字形像右手的手指上的肉瘤，这是“尤”的本义，用来表示“多余的，不正常的”，后来被引申为“过错”、“指责”。现在的“尤”最主要的意思是“突出、特别”。至于原本长在皮肤上的肉瘤，则用加了“疒”的“疣”来表示了。

1. 我会自读、自吟，找同学一起诵读。

2. 书写练习：照样子书写下面的文字。

正己而不求于人，则无怨。上不怨天，下不尤人。故君子居易以俟命，小人行险以徼幸。

3. 诗情画意显身手。（我可以涂画、作诗、写对联）

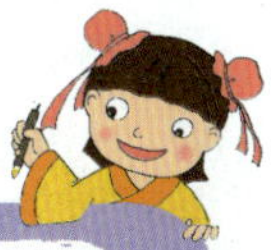

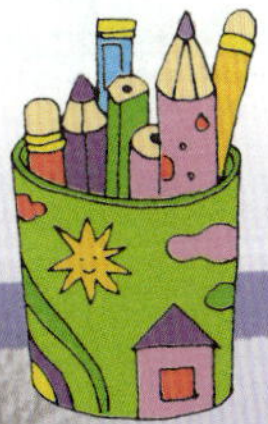

9 人和

孟子曰："天时不如地利，地利不如人和。三里之城，七里之郭，环而攻之而不胜。夫环而攻之，必有得天时者矣；然而不胜者，是天时不如地利也。城非不高也，池非不深也，兵革非不坚利也，米粟非不多也；委而去之，是地利不如人和也。"

注释

① 郭：外城。
② 城：内城。
③ 委：丢掉。

《孟子·公孙丑下》节选

译文

孟子说："天时不及地利，地利不及人和。譬如有一座小城，每边长仅三里，它的外城也仅七里。敌人围攻它，而不能取胜。在长期围攻中，一定有合乎天时的战机；却不能取胜，这就是说得天时的不及占地利的。（又譬如，另一守城者的）城墙不是不高，护城河不是不深，兵器和甲胄不是不锐利和坚固，粮食不是不多；（然而敌人一来便）弃城逃走，这就是说占地利的不及得人和的。"

孟子认为“得人心者得天下”，这段话以战争为例，层层递进，论述了“人和”的重要性。“天时不如地利，地利不如人和”斩钉截铁，不容置疑。带着思辨，聆听阐释，逐渐明朗，心生感悟。诵读随心而行，或回环往复，或轻声叩问，将孟子的远见卓识化为自己的理解和智慧。

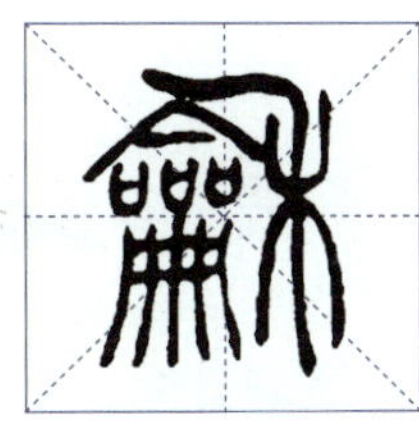			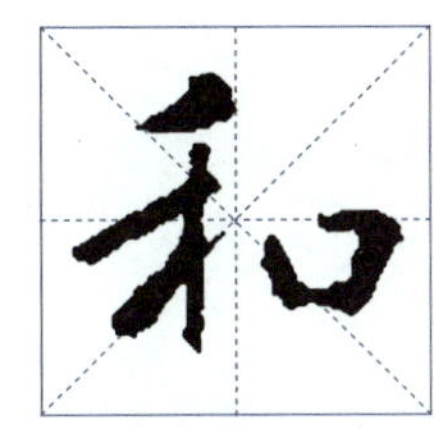	
小　篆	隶　书	草　书	行　书	楷　书

和：形声字。“和”的本义是“笙一类的乐器”。众人吹奏乐器生成的快乐是和谐美妙的，所以“和”又被引申出许多新的含义，如“和谐”、“和平”等。

 1. 我会自读、自吟，找同学一起诵读。 

 2. 书写练习：照样子书写下面的文字。

天时不如地利，地利不如人和。三里之城，七里之郭，环而攻之而不胜。夫环而攻之，必有得天时者矣；然而不胜者，是天时不如地利也。

 3. 诗情画意显身手。（我可以涂画、作诗、写对联）

10 得道多助

故曰：域民不以封疆之界，固国不以山溪之险，威天下不以兵革之利。得道者多助，失道者寡助。寡助之至，亲戚畔之；多助之至，天下顺之。以天下之所顺，攻亲戚之所畔，故君子有不战，战必胜矣。

注释

①寡：少。
②域：界限。
③畔：同“叛”。

《孟子·公孙丑下》节选

所以我说，限制人民不必用国家的疆界，保护国家不必靠山川的险阻，威行天下不必凭兵器的锐利。行仁政的帮助他的人就多，不行仁政的帮助他的人就少。帮助的人少到极点时，连亲戚都反对他；帮助他的人多到极点时，全天下都顺从他。拿全天下都顺从的力量来攻打连亲戚都反对他的人，仁君圣主不战则已，战就必然能够胜利。

这段话承接前篇，由战争扩及治国之道，得出了“得道者多助，失道者寡助”的结论。时至今日，“得道者多助，失道者寡助”已成为家喻户晓的至理名言。这段话既有告诫之意，又有劝慰之情。怀仁者之心诵之，读出“威天下”的气势，读出“亲戚畔之”与“天下顺之”的对比，读出“战必胜”的坚定。

小篆	隶书	草书	行书	楷书

助：形声字。在金文中，它的上半部分表示读音，下半部分是一只手，可见古人也推崇“出手相助”。在后来的演变中，“手”变成了“力”，不管是伸出援手，还是以力相助，“助”的本义都没有太大的变化。

 1. 我会自读、自吟，找同学一起诵读。

2. 书写练习：照样子书写下面的文字。

寡助之至，亲戚畔之；多助之至，天下顺之。以天下之所顺，攻亲戚之所畔，故君子有不战，战必胜矣。

3. 诗情画意显身手。（我可以涂画、作诗、写对联）

11 慎终如始

其安易持，其未兆易谋；其脆易泮，其微易散。为之于未有，治之于未乱。合抱之木，生于毫末；九层之台，起于累土；千里之行，始于足下。民之从事，常于几成而败之。慎终如始，则无败事。

注释

①泮：散。

②几成：接近成功。

《道德经》第六十四章节选

那里形势安定，就容易把握；那里事故尚无征兆，就容易谋划；那里力量脆弱，就容易消解；那里问题细微，就容易分散。处理在矛盾尚未出现的时候，治理在混乱尚未发生的时候。合抱粗的大树，生长于细微的萌芽；九层高的楼台，起始于积累的泥土；千里的远行，开始于此时自己的脚下。百姓做起事情，经常在接近于成功的时候却失败了。如果像慎重对待开始一样对待结束，就没有失败的事情。

这段话告诉我们凡事只要预先谋划，有所准备，慎重对待，有始有终，“为之于未有，治之于未乱”，就可以战胜困难。诵读本文，带上自己的联想与思考，在轻声细读中品悟“为无为”的远见与智慧，在放声吟咏中表达心中的慎重与笃定。

			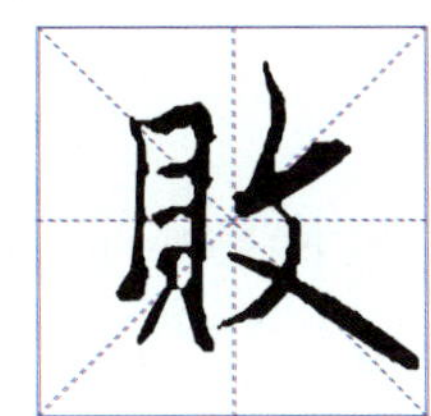	
小 篆	隶 书	草 书	行 书	楷 书

败：左边是贝壳，右边手拿木棍在敲打，似乎要毁坏它。“败”的本义就是”破坏”，被破坏的东西总是会显得“衰落”，所以便有了“衰败”、“惨败”的说法。后来，这个字被不断引申，才有了“输”的含义。

 1. 我会自读、自吟，找同学一起诵读。 

2. 书写练习：照样子书写下面的文字。

合抱之木，生于毫末；九层之台，起于累土；千里之行，始于足下。民之从事，常于几成而败之。

3. 诗情画意显身手。（我可以涂画、作诗、写对联）

12 善　下

江海所以能为百谷王者，以其善下之，故能为百谷王。是以圣人欲上民，必以言下之；欲先民，必以身后之。是以圣人处上而民不重，处前而民不害。是以天下乐推而不厌。以其不争，故天下莫能与之争。

注　释

① 百谷王：百川的首领。
② 谷：川。
③ 下之：处于其下。

《道德经》第六十六章

江海所以能够成为百川汇流的地方，是因为它善于处在低下的位置，所以能够成为百川的首领。因此，圣人要统治百姓，必须用言词对百姓表示谦下；要领导百姓，必须把自身放在百姓的后面。所以，圣人处于上位而百姓不感到沉重，处于前位而百姓不感到危害。所以，天下百姓乐意拥戴而不厌恶。因为他不争，所以天下没有谁与他争。

这段话老子以江海为百谷之首为喻，说明“善下”的重要性。文中通过三个“是以”阐释了谦下卑弱的治国之道。诵读本文，当怀谦卑之心，读出“善下”者的胸襟与气度。

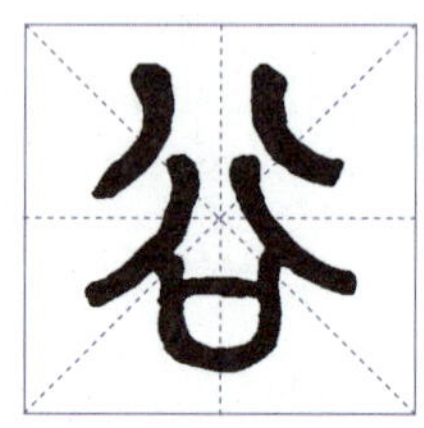
小 篆

隶 书

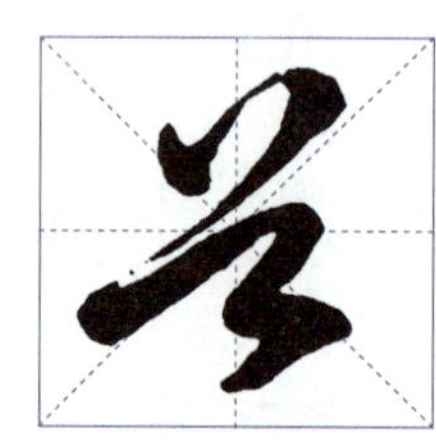
草 书

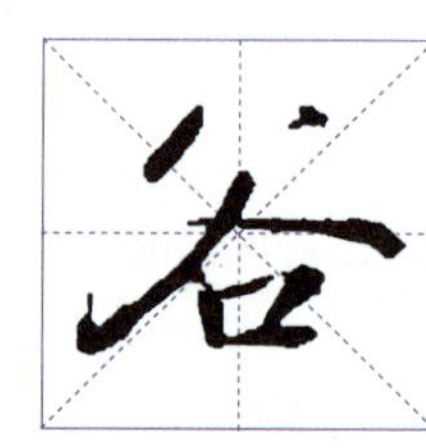
行 书

楷 书

谷：会意字。上部像刚刚从山泉中涌出的泉水，下部像山口，本义是两山之间的流水，后用来表示“山谷”。现在人们把谷物的“穀”也简化为“谷”，但它们原本是两个不同的字。

 1. 我会自读、自吟，找同学一起诵读。

 2. 书写练习：照样子书写下面的文字。

是以圣人处上而民不重，处前而民不害。是以天下乐推而不厌。以其不争，故天下莫能与之争。

 3. 诗情画意显身手。（我可以涂画、作诗、写对联）

13 言行

“鸣鹤在阴，其子和之。我有好爵，吾与尔靡之。”子曰：“君子居其室，出其言善，则千里之外应之，况其迩者乎？居其室，出其言不善，则千里之外违之，况其迩者乎？言出乎身，加乎民；行发乎迩，见乎远。言行，君子之枢机；枢机之发，荣辱之主也。言行，君子之所以动天地也，可不慎乎？”

《周易·系辞上》节选

“鸣鹤在阴，其子和之。我有好爵，吾与尔靡之。”孔子说：“如果君子在自家里说出有益的话，那么千里之外也会有人响应，更何况近处的人呢？如果君子在自家里说出有害的话，那么千里之外的人都会反对，更何况近处的人呢？虽然说话是出于自身，但是影响却能及于众人；虽然行为发生于近处，但是影响却能及于远处。说话与行动是君子处世的关键；关键一旦发动，或有光荣或有耻辱也就决定了。说话与行动，是能够影响天地间大事的关键，难道可以不谨慎吗？”

君子行而世为天下法，言而世为天下则。孔子五十以学《易》，这段话记述了孔子当时的感悟：一个人的言行是多么重要。三个反问句式更显其“枢机”之用。诵读本文，从“可不慎乎”处细细思量，诚信在心，抑扬有度，读出鹤鸣子和的自然美好，读出君子善言慎行的有礼有节。

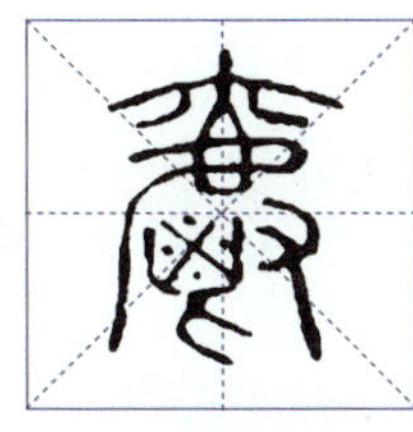
小　篆

隶　书

草　书

行　书

楷　书

爵：字形像一只手拿着酒器。“爵”的本义就是“酒器”，也是一种“礼器”，后来被引申为“爵位”，用于表示官员杀敌的功劳和官位的大小。

1. 我会自读、自吟，找同学一起诵读。

 2. 书写练习：照样子书写下面的文字。

言出乎身，加乎民；行发乎迩，见乎远。言行，君子之枢机；枢机之发，荣辱之主也。言行，君子之所以动天地也，可不慎乎？

 3. 诗情画意显身手。（我可以涂画、作诗、写对联）

14 假　物

吾尝终日而思矣，不如须臾之所学也；吾尝跂而望矣，不如登高之博见也。登高而招，臂非加长也，而见者远；顺风而呼，声非加疾也，而闻者彰。假舆马者，非利足也，而致千里；假舟楫者，非能水也，而绝江河。君子生非异也，善假于物也。

注　释

① 须臾：一会儿。
② 跂：踮起脚后跟。
③ 利足：使他腿跑得很快。
④ 生：通“性”。

《荀子·劝学》节选

我曾有过这样的体验：整天苦思冥想，还不如短时间学习而得到的东西多；我曾踮起脚眺望，还不如登上高高的地方看见的东西多。登上高处挥舞手臂，手臂并没有加长，却能够被很远地方的人看见；顺风高喊，声音并没有增大，远处的人却能够听得清清楚楚。驾车马行路的人，并不是因为他们的两脚比别人有力、利落，却能到达千里之遥的地方；乘舟船涉水的人，并不是因为他们会游水，却能横渡长江大河。君子生性并没有什么特异之处，而是善于假借外物的力量呀。

荀子的《劝学》是历来为人们所传诵的名篇。这段话首句从自身体验出发，通过“终日思”与“须臾学”的对比，强调空想不如学习。接着联系生活连设五喻，展开论证，深入浅出地告诉我们“善假于物”的学习之道。诵读本文，似聊天交谈，如闻其声，亲切可信。排比的句式，更为诵读增添了几分节奏与趣味。

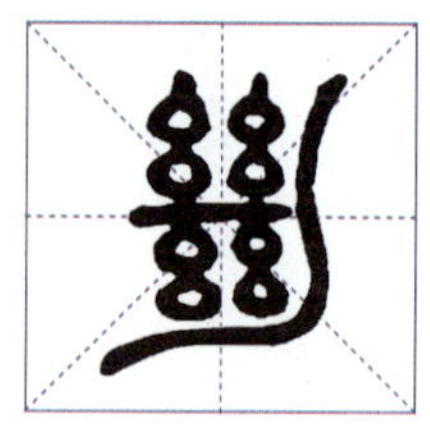
小篆

隶书

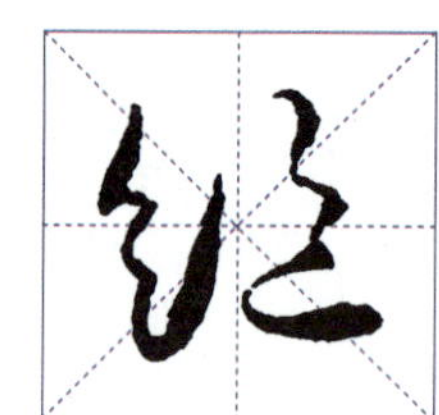
草书

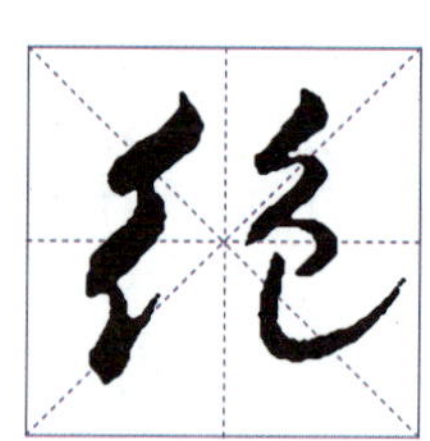
行书

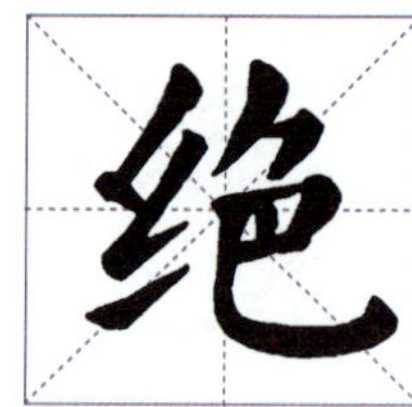
楷书

绝：字形像用一把刀斩断丝线，古人以此来表示断绝了彼此的关系，这就是“绝”的本义。物体断绝的裂纹总是横向的，所以横渡河流、沙漠等地，也可以称为“绝”。

1. 我会自读、自吟，找同学一起诵读。

2. 书写练习：照样子书写下面的文字。

吾尝终日而思矣，不如须臾之所学也；吾尝跂而望矣，不如登高之博见也。登高而招，臂非加长也，而见者远；顺风而呼，声非加疾也，而闻者彰。

3. 诗情画意显身手。（我可以涂画、作诗、写对联）

15 鲲 鹏

北冥有鱼，其名为鲲。鲲之大，不知其几千里也；化而为鸟，其名为鹏。鹏之背，不知其几千里也；怒而飞，其翼若垂天之云。是鸟也，海运则将徙于南冥；南冥者，天池也。《齐谐》者，志怪者也。《谐》之言曰：“鹏之徙于南冥也，水击三千里，抟扶摇而上者九万里，去以六月息者也。”

注 释

① 怒：奋起疾飞的样子。

② 志：记载。

③ 抟：环绕。

《庄子·逍遥游》节选

北方大海里有条鱼，名叫鲲。鲲的躯体巨大，不清楚有几千里长。鲲转化为鸟，名叫鹏。鹏的背，也不知有几千里大！它振翅高飞，翅膀就像遮盖天空的彩云。这只鸟啊，每月海风大作时，就飞到遥远的南方大海去。这南方大海是自然形成的海域。《齐谐》这本书，是记述怪异事物的。书上说：“鹏向南方大海飞迁时，两翼击水达三千里，围绕旋风上升到九万里高空，它的远离是要借助于六月的大风暴啊！”

“逍遥游”是《庄子》中的名篇，充满奇特的想象和浪漫色彩，寓说理于寓言和生动的比喻之中。诵读本文，当抓住一个“大”字，鲲鹏之大，海域之大，浪花之大，旋风之大等，读得逍遥，读得洒脱，读得大气。思绪随大鹏展翅飞翔，带着超凡忘我的心境，读出自由自在的喜悦，读出对悠游自得生活的追求。

小篆

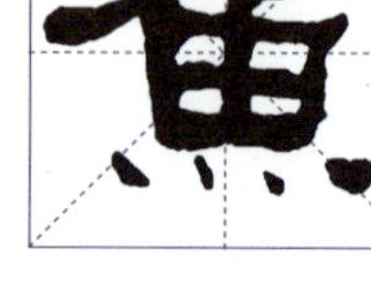
隶书

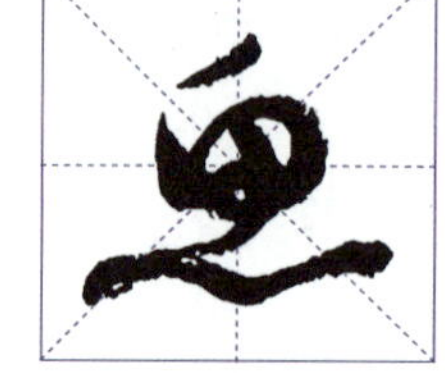
草书

行书

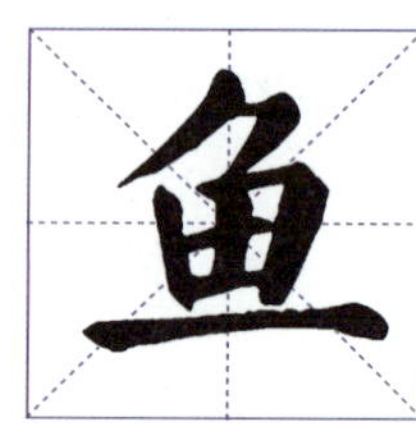
楷书

鱼：象形字。字形像游动的鱼。因为鱼是食物，被人们吃，所以“鱼肉”可以用来表示动词“残害”的意思。

1. 我会自读、自吟，找同学一起诵读。

2. 书写练习：照样子书写下面的文字。

鲲之大，不知其几千里也；化而为鸟，其名为鹏。鹏之背，不知其几千里也；怒而飞，其翼若垂天之云。

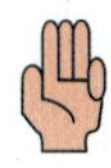3. 诗情画意显身手。（我可以涂画、作诗、写对联）

古文

16 用计

兵者，诡道也。故能而示之不能，用而示之不用，近而示之远，远而示之近；利而诱之，乱而取之，实而备之，强而避之，怒而挠之，卑而骄之，佚而劳之，亲而离之。攻其无备，出其不意。此兵家之胜，不可先传也。

注释

①用：用兵。

②挠：挑逗、扰乱。

《孙子兵法·计篇》节选

用兵打仗是一种诡诈之术。能打，却装作不能打；要打，却装作不想打；明明要向近处进攻，却装作要打远处；即将进攻远处，却装作要攻近处；敌人贪利，就用利引诱他；敌人混乱，就乘机攻取他；敌人力量雄厚，就要注意防备他；敌人兵势强盛，就暂时避其锋芒；敌人易怒暴躁，就要折损他的锐气；敌人卑怯，就设法让他骄横；敌人休整得好，就设法让他疲劳；敌人内部和睦，就设法离间他。要在敌人没有防备处发起进攻，在敌人意料不到时采取行动。所有这些，是军事家指挥艺术的奥妙，是从无事先呆板规定的。

孙子曰："兵者，国之大事，死生之地，存亡之道，不可不察也。"诡道实乃谋略，读这段话，真假虚实之间，我们习得一种随机应变的智慧。"能与不能"、"用与不用"、"近与远"轻重相接，读出对比与变化。诱、取、避、挠、骄、劳、离，或柔或强，或明或暗，或迂回或果敢，斟酌品读，变化有致，酣畅淋漓。

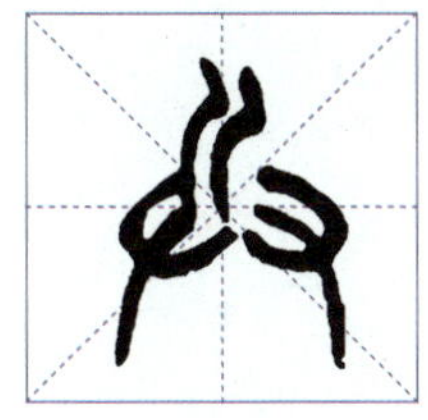

隶 书　　草 书　　行 书　　楷 书

兵：字形像一双大手挥舞着一把弯柄大斧。"兵"最早的含义，指的是"兵器"。战场上，战士使用武器杀敌，所以"兵"就被引申为了"士兵"。

1. 我会自读、自吟，找同学一起诵读。

2. 书写练习：照样子书写下面的文字。

攻其无备，出其不意。此兵家之胜，不可先传也。

3. 诗情画意显身手。（我可以涂画、作诗、写对联）

四大名著

小朋友们，你知道我国“四大名著”都有哪些吗？它们是：《西游记》、《三国演义》、《水浒传》、《红楼梦》。

先来说说小朋友们最喜欢、最熟悉的《西游记》吧。故事讲述了心地善良的唐僧，在神通广大的孙悟空、憨态可掬的猪八戒、勤恳踏实的沙僧的帮助下，历经九九八十一难，终于取得真经。《西游记》的故事惊心动魄、引人入胜，其中“大闹天空”、“三打白骨精”等都家喻户晓。你知道作者是谁吗？他的名字叫——吴承恩。

接下来谈谈《三国演义》。《三国演义》原名《三国志通俗演义》，是一本长篇历史小说。它的作者是元末明初的罗贯中。《三国演义》描述的是从东汉末年到西晋初年之间近一百年的历史，表现了以曹操、刘备、孙权为首的三大军事集团的斗争。《三国演义》被称为三绝之书，你知道是哪三绝吗？那就是诸葛亮的智绝、关羽的义绝、曹操的奸绝。

《水浒传》的作者是元末明初的才子施耐庵。这部小说塑造了 108 个英雄好汉的形象，他们每个人都有自己绰号，绰号都反映了他们的特点。像“及时雨”宋江的深明大义、“智多星”吴用的足智多谋、“花和尚”鲁智深的侠肝义胆……还记得“武松打虎”、“鲁智深倒拔垂杨柳”吗？书中每个故事都曲折生动，让人情不自禁地读下去。

《红楼梦》是清代的曹雪芹写的，这部作品被赞为中国最具文学成就的巅峰之作。《红楼梦》不仅可以当故事读，当历史读，还可以当百科全书读，通过它可以了解社会生活的各个方面。想了解贾宝玉和林黛玉的命运吗？想知道“金陵十二钗”有哪些人吗？去书中找吧！

四大名著是全人类共同的宝贵文化遗产。跟我来吧，走进四大名著！

（撰稿：广东碧桂园学校 张丽娟）

对联

六年级的对联学习不光有经典长联，还延续了前面学习过的美文联、美韵联和美意联。我们所选的经典长联遣词精准、由景生发、谈古论今，值得回味。而美文联用典贴切，气韵生动，值得诵读。美韵联的联句巧妙，文辞工整、生动有趣而富有意境，读来更是轻快活泼。美意联清新奇秀，节奏感强，真可谓入口入心，耐人寻味。

因此，在学习本册时，要学会利用阅读提示和创意空间，将学和用紧密结合，通过一词一画、一句一画、一事一画、一词创作、一事创作等多种形式开发我们的想象空间和创新思维，给我们的学习带来惊喜。

17 经典长联

几层楼独撑东面峰，统近水遥山，供张画谱：聚葱岭雪，散白河烟，烘丹景霞，染青衣雾。时而诗人吊古，时而猛士筹边。最可怜花蕊飘零，早埋了春闺宝镜；枇杷寂寞，空留着绿野香坟。对此茫茫，百感交集，笑憨蝴蝶，总贪送醉梦乡中。试从绝顶高呼：问问问，这半江月属谁家物？

千年事屡换西川局，尽鸿篇巨制，装演英雄：跃冈上龙，殒坡前凤，卧关下虎，鸣井底蛙。忽然铁马金戈，忽然银笙玉笛。倒不若长歌短赋，抛撒些幽恨闲愁；曲槛回廊，消受得清风好雨。嗟予蹙蹙，四海无归，跳死猢狲，终落在乾坤套里。且向危梯俯首：看看看，哪一块云是我的天？

〔清〕宋　湘

庄周梦蝶

有一天，庄周梦见自己变成了一只翩翩起舞的蝴蝶，非常快乐，悠然自得，完全忘记了人间的烦恼，不知道自己是庄周。一会儿梦醒了，发现自己仍睡卧在床。不晓得是庄周做梦变成了蝴蝶呢，还是蝴蝶做梦变成了庄周呢？

这是钟云舫题崇丽阁联。崇丽阁又称望江楼，位于成都望江楼公园内。作者是清末四川江津人，著有《振振堂联稿》。此联联语紧切眼前景，又联想及史、及人、最后联系作者自己的遭遇，说古到今，痛快淋漓地倾吐了自己的一腔愤懑，感叹自己一生的坎坷而不得志，其中炼字遣词的准确生动很值得称道，用典贴切又是一大特点。由于内容丰富，大开大合，并无堆砌、生涩之弊，再三诵读，令人回味无穷。

 1. 我会自读、自吟，找同学一起诵读。

 2. 书写练习：照样子书写下面的文字。

对此茫茫，百感交集。笑憨蝴蝶，总贪送醉梦乡中。试从绝顶高呼：问问问，这半江月属谁家物？

 3. 诗情画意显身手。（我可以涂画、作诗、写对联）

徐徐微风，吹得芙蓉怒放；

18 美文联

有亭翼然，占绿水十分之一；何时闲了，与明月对饮而三。

〔清〕黄奎光

人言为信，我始欲愁，仔细思量，风吹皱一池春水；胜固欣然，败亦可喜，如何结局，浪淘尽千古英雄。

〔清〕黄体芳

平地起楼台，恰双塔雄标，三山秀拱；披襟坐霄汉，看中天霞起，大海澜回。

〔清〕梁章钜

仙源何处重寻？庐舍依然，笑前度阮刘，流水桃花真梦境；燕子似曾相识！空山无恙，叹旧时王谢，斜阳门巷几人家。

〔清〕任可澄

胜棋楼

"胜棋楼"原名"对弈楼"。明朱元璋爱下围棋，常与高手徐达对弈，徐总败。朱元璋明白，徐达在让自己。一次对弈时，朱元璋声明：要施展棋艺决胜负。他节节逼进，胜局在望，问到："这局以为如何？"徐达答："请观全局！"朱元璋看后，惊叹："朕实不如也！"原来徐达的棋子竟布成"万岁"二字。朱元璋当即将"对弈楼"和莫愁湖赐给徐达，并更名"胜棋楼"。

黄奎光此联用典自然，雅淡清舒。联语情景交融，表现了作者淡泊宁静、闲适的生活情怀；黄体芳的联语工整华丽，上联的仔细思量和下联的如何结局是点睛之笔，读此联让人豪气满怀；梁章钜上联描写了园林楼台胜境，下联则写了坐在楼上之所见，格律工整，气韵生动；任可澄上联以反问入手，以"笑迁都阮刘"的"流水桃花"反衬燕子洞的美妙风景。下联用唐刘禹锡《乌衣巷》之典感叹世事的变迁。联语紧扣景物，用典贴切，富于节奏，具有乐美。

1. 我会自读、自吟，找同学一起诵读。

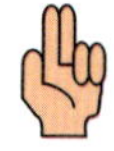
2. 书写练习：照样子书写下面的文字。

玉镜净无尘，照葛岭苏堤，万顷波澄天倒

影；冰壶清濯魄，对六桥三竺，九霄秋静月当头。

3. 诗情画意显身手。（我可以涂画、作诗、写对联）

旭日朝霞红雨乱；

19 美韵联

花坞春晴，鸟韵奏成无孔笛；树庭日暮，蝉声弹出不弦琴。

〔明〕顾鼎臣

冻雨洒窗，东二点西三点；切瓜分片，上七刀下八刀。

〔明〕杨一清

眼珠子，鼻孔子，珠子还在孔子上；眉先生，须后生，后生更比先生长。

〔清〕周渔璜

蒲叶桃叶葡萄叶，草本木本；
梅花桂花玫瑰花，春香秋香。

〔明〕解　缙

神童杨一清

杨一清是明朝大臣，自幼聪颖，七岁能文，以奇童蜚声四乡。八岁那年参加举奇童，英宗皇帝出了一个上联："冻雨洒窗，东二点西三点"，召他作对。杨一清即以下联应对："切瓜分片，上七刀下八刀。"皇帝和群臣听了莫不称奇。上下联巧析"冻"为"东二点"，"洒"为"西三点"，析"切"为"七刀"，"分"为"八刀"，堪称巧对。

顾鼎臣联是一幅自然和谐的风景图，晴朗的春日，花香中的鸟语，就像一支无孔的笛子。日暮时分，院中树上的蝉声，就如一张无弦的琴。联句巧妙，文辞工整。读联声调和谐，音韵婉转动听；杨一清联对仗工整，声调和谐，富有情致。读联会意，清朗欢快；周玉璞联是一幅谐音双关联。联语暗示青出于蓝而胜于蓝。此联生动有趣又富有意境，读联轻快活泼；解缙联构字精巧，巧妙地运用了重字、谐音等修辞技巧。节奏点在反复使用的几个字上，读来朗朗上口，如歌可唱。

1. 我会自读、自吟，找同学一起诵读。

 2. 书写练习：照样子书写下面的文字。

花坞春晴，鸟韵奏成无孔笛；树庭日暮，蝉声弹出不弦琴。

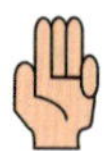 3. 诗情画意显身手。（我可以涂画、作诗、写对联）

七鸭浮塘，数数数三双一只；尺鱼跃水，量量量九寸十分。

20 美意联

删繁就简三秋树；领异标新二月花。

〔清〕郑板桥

世上几百年旧家，无非积德；天下第一件好事，还是读书。

〔清〕姚文田

虽富贵不易其心，虽贫贱不移其行；以通经学古为高，以救时行道为贤。

〔清〕张之洞

柴米油盐酱醋茶，除却神仙少不得；孝悌忠信礼义廉，没有铜钱可做来。

〔清〕袁　枚

“隔靴搔痒”与“入木三分”

郑板桥是个十分谦虚的人，尽管他在诗文和书画创作上造诣很高，但他并不自满，一直保持谦虚的态度，积极学习他人的长处，经常请别人给自己的作品提意见。为此，他还写过一幅对联：“隔靴搔痒赞何益，入木三分骂亦精。”意为那种隔靴搔痒式的赞扬一点用处也没有；相反，如果是入木三分的痛骂倒要好得多。表达了他渴望聆听别人真诚的建议和批评。

郑板桥联指出不论写文吟诗作赋，都力求语言精练，清新奇秀。如此，自会思想新颖深刻，语言生动活泼。“删繁就简”、“领异标新”属成语对。全联读起来回环起伏，响亮悦耳；姚文田联的读法为“世上/几百年/旧家，无非/积德；天下/第一件/好事，还是/读书。”此联虽未做到平仄相对，但采用口语的语气，整联读来语言流畅，神采飞扬；张之洞联是一个典型的自对联。上下联两个分句分别自对。联语心存君子之志，铿锵正气，高远坦荡；袁枚联采用了比兴的艺术手法。上联说生活之必备，下联说做人之必备，前后意思连贯递进，节奏感强，读句入口入心，耐人寻味。

1. 我会自读、自吟，找同学一起诵读。

 2. 书写练习：照样子书写下面的文字。

虽富贵不易其心，虽贫贱不移其行；以通经学古为高，以救时行道为贤。

 3. 诗情画意显身手。（我可以涂画、作诗、写对联）

柳线软拖波细细；

说说我们的"大中国"

小朋友，我们都是中国人，但你知道关于中国的"来龙去脉"吗？今天让我们一起说说"大中国"吧。

一、"中国"的其他称呼

中国也称赤县、神州、海内等。为什么叫赤县、神州呢？这有一个传说。传说我们的祖先有两个，一个叫黄帝，一个叫炎帝。炎帝统辖的地方称赤县，黄帝统辖的地方称神州，后来黄帝打败了炎帝，把两个地方统一起来了，就合称为"神州赤县"或者"赤县神州"。为什么叫海内呢？是因为古代的中国人生活范围比较狭窄，以为中国周围都是海，所以把中国叫做海内，把外国就叫做海外。

二、"中国"含义的变迁

小朋友，你可能又要问了，为什么要叫"中国"，而不叫别的什么国呢？这也是有来历的。

"中国"意思是"中央之国"。相传在周朝时，周公在阳城砌了一块平整的土台，在土台上竖了一根八尺长的杆子，来测量太阳影子的长短，在夏至这一天正午时分，杆子周围都没有日影，周公就认为这是大地的中心，因此就把周朝叫做中国。

"中央之国"又引申为"正统之国"。从远古的炎、黄二帝，到尧、舜、禹三圣，到夏、商、周三朝，已经形成了以华夏汉族和华夏文明为主体的国家，此时的人们认为自己是正统的文明，自然称自己是中国，而把东方的外族称为夷，把西方的外族称为戎，把南方的外族称为蛮，把北方的外族称为狄。

三、现在的中国

不过，现在的中国，含义已与“中央之国”、“正统之国”不同，是中华人民共和国的简称，包括了生活在这片土地上所有的民族和他们的文明。现在的中国，包括23个省、5个自治区、4个直辖市、2个特别行政区，国土总面积约为960万平方公里，陆上疆界从中朝边界的鸭绿江口起，到中越边界的北仑河口止，总长2万多公里，与14个国家相邻。国土面积仅次于俄罗斯和加拿大，居世界第三。

如果你想更多地了解我们的家，那就走进知识的海洋吧。

（撰稿：广东碧桂园学校　赵洪福）

附录：亲子共读

我能将这段诗文的大意或典故讲给家长听。（涂红花朵表示）

第1课　家长评一评：很好　好　须努力

第2课　家长评一评：很好　好　须努力

第3课　家长评一评：很好　好　须努力

第4课　家长评一评：很好　好　须努力

第5课　家长评一评：很好　好　须努力

第6课　家长评一评：很好　好　须努力

第7课　家长评一评：很好　好　须努力

第8课　家长评一评：很好　好　须努力

第9课　家长评一评：很好 好 须努力

第10课　家长评一评：很好 好 须努力

第11课　家长评一评：很好 好 须努力

第12课　家长评一评：很好 好 须努力

第13课　家长评一评：很好 好 须努力

第14课　家长评一评：很好 好 须努力

第15课　家长评一评：很好 好 须努力

第16课　家长评一评：很好 好 须努力

第17课　家长评一评：很好 好 须努力

第18课　家长评一评：很好 好 须努力

第19课　家长评一评：很好 好 须努力

第20课　家长评一评：很好 好 须努力

图书在版编目(CIP)数据

中华国学课本. 第11册/张庆华主编. —北京:中华书局,2013.11
(中华诵·经典素读教程系列)
ISBN 978-7-101-09644-6

Ⅰ.中… Ⅱ.张… Ⅲ.中华文化-小学-教学参考资料
Ⅳ.G624.233

中国版本图书馆CIP数据核字(2013)第220977号

书　　名　中华国学课本　第十一册
主　　编　张庆华
丛 书 名　中华诵·经典素读教程系列
责任编辑　祝安顺
出版发行　中华书局
(北京市丰台区太平桥西里38号　100073)
http://www.zhbc.com.cn
E-mail:zhbc@zhbc.com.cn
印　　刷　北京瑞古冠中印刷厂
版　　次　2013年11月北京第1版
2013年11月北京第1次印刷
规　　格　开本/889×1194毫米　1/16
印张5½　字数19千字
印　　数　1-5000册
国际书号　ISBN 978-7-101-09644-6
定　　价　18.00元